어둠을 탐하다

이 도서의 국립중앙도서관 출판예정도서목록(CIP)은 서지정보유통지원시스템 홈페이지(http://seoji.nl.go.kr)와 국가자료종합목록 구축시스템(http://kolis-net.nl.go.kr)에서 이용하실 수 있습니다. (CIP제어번호 : CIP2019045850)

시움시선 06

어둠을 탐하다

이영옥 시집

시인의 말

들숨 날숨 깃든 나의 언어들이
품을 떠납니다

주저앉고 싶을 때마다
기꺼이 내 곁에서
괜찮다 괜찮다
다독여준 e에게 고마움을 전하며

살아온 더께만큼
쉰둘 징검돌을 놓습니다

이영옥

차례

시인의 말······05

제1부

벚꽃이 피었습니다······13
계관화······14
봉인······16
어둠을 탐하다······17
편도샘······19
손목터널······20
여우목고개······22
출렁이는 장항포구······24
지렁이······25
헛발질······26
길마저 사라진 오늘······28
알람시계······30
나비 날개를 접다······31

제2부

홀딱벗고새……35
빈 운동장……36
고래의 눈물……38
일요일 골목이 절뚝거렸다……40
막장으로 갑니다……42
나무야 나무야……44
수화……46
빈차……48
1930년……49
불두화……50
겨울에게……52
안부를 묻다……54
봄비에 젖다……56

제3부

시든 꽃……61

샬롬……62

갈계숲……64

암막커튼……66

어깃장……67

2019년 목동……68

문창동 할머니……70

대추 한 바구니 삼천 원……72

맥문동은 피고 지고……74

다, 괜찮다……76

시시한 시……77

전방에 과속방지턱이 있습니다……78

말, 씨……79

제**4**부

벌개미취……83
팽팽하게……84
정오에게……85
비둘기, 그녀를 찾습니다……86
윤회……88
동백 젖 몽우리……90
절구통……91
삼시세끼……92
햇살바라기……93
운수 좋은 날……94
미투……95
구석으로부터……96
오십, 세레나데……98
—
발문_ 정바름……99

제1부

벚꽃이 피었습니다

찬바람 뒷걸음치는
3월 캄캄한 골목에서
화들짝 놀랐습니다

얼어터진 겨울을 건너느라
노곤했을 이 봄

마중할 틈 없이
불쑥
내 머리를 환하게
쓰다듬던 그대

오늘 잠들기는
글렀습니다

계관화*鷄冠花

벼슬처럼 곧추세운
긴긴 그리움의 모서리가
사금파리처럼 떨어져 나갈 때마다
뒤틀린 사지 옭아맨
낮은 고백도
서럽기만 했습니다

시월의 햇살 반을 가르면
이만큼 붉을 수 있을까요
'넌 내 여자야'
더 이상
어떤 맹서도 필요 없는

달구어진 당신의 혀를 물고
긴 묵언 중에도
달뜬
'난 당신의 여자입니다'

*계관화 : 닭벼슬 모양을 닮은 맨드라미의 다른 이름.
 꽃말 : 시들지 않는 사랑, 불타는 사랑, 지킴이.

봉인封印

이천십오년 12월은
지구온난화에 떠밀려
영상 9도의 낯빛으로 바람이 무성했다

나무들은 사타구니 감춘 채
가임기可姙娠를 마친 다리를 꼬고 앉아
한 번쯤 허락될지 모를
아랫도리를 만지고 있다

아름다운 목숨 하나 건져 놓고
때로는 꽃이어도 슬픈
어둠의 산도産道를 빠져나와
사계절 가름 없이 침묵했을
봉인된 삶의 언저리

장령산 노을은 한꺼번에
들판까지 손을 뻗어
마른 덤불에 불씨를 지핀다

어둠을 탐하다

한낮에 너무 멀리 뻗어나간 바다는
겨드랑이에 그림자를 숨기고 돌아왔다

사방으로 그림자 몸을 풀면
이름 하나 하나
더욱 빛나는 전광판

더듬더듬 쪽문을 낸
두려움과 안식 사이
생의 거리를 좁히며
벗겨진 살갗의 숨구멍으로
짠 바닷물이 스며들었다

나에게로 오던 사람들이 되돌아간
고요를 적신 문패

어둠으로부터 시작된 목숨이
누구에게 빛났던 적 있을까

편도샘

폭설이 내리는 날이었다
편도샘* 따라
침들이 목젖에서 발광發狂하다
소리가 되지 못하고
풍선처럼 부풀어 올랐다

생각이 생각을 자르고
마음이 마음을 주저앉혀
오롯이 안으로만 궁굴린
말들을 토해내고 싶었다

39도를 오르내리던
고열 때문만은 아니었다
불모의 땅 고비사막 한가운데
버려진 깡통처럼
우그러진 삶의 편린

말을 삼킨 목울대에서
모래바람이 일었다

　*편도샘 : 사람의 입속 양쪽 구석으로 평편하게 퍼져 있는 림
　프 소절의 집합체.

손목터널*

행여 잃어버릴까
밤마다 두 손 나란히
배 위에 얹어 잠들게 했다
여기까지 내 삶을 지탱해주느라
힘들었을 수족 하나

너무 오래 외로워서
눈빛만 닿아도 심장을 두들기며
시린 세상 뜨겁게 덥히던
그 터널에서
팬티 끈 하나 걷어 올리지 못해
눈앞에 뽀얗게 드러난
당신의 포만한 엉덩이도
느껴지지 않는
기억 저편의 더듬이

움켜쥐고 싶었던 게
무에 그리 많아

힘줄이 부르트도록 놓지 못했을까

잘못 내린 정류장 어디쯤에서
되돌아가지 못하고
막막하게 서성대고 있나

X-ray를 관통한 하얀 거미줄에
언뜻언뜻 비치는 얼굴들과
판독으로도 읽혀지지 않는
앞만 보고 달려왔던 발자국이
콕콕 아프게 찍혀 있다

　　*손목터널 : 손목터널증후군을 일컬음. 손이 굳거나 경련을 일
　　　으키고 감각이 둔화되는 증상.

여우목고개

아무 소리도 들리지 않았습니다

혼자 가는 길
때로는 너무 아파서
허방을 걷다
국사봉 들머리까지
5월이 사정射精한 연초록에 홀려
으스러지게 껴안은 그리움이
발톱을 세웁니다

소식 끊고
아무에게도 보이지 않게
허물없이 사라지고 싶은 날
숨어 살고픈 여우목고개*

순교하듯
그곳에 마음자리 내려놓고

끝내 잊었다던
그대 기다릴까

*해발 620m, 경상북도 문경시 문경읍과 동로면 사이에 위치한 고개.

출렁이는 장항포구

정지된 포구의 아침이
액정 화면 가득
봄으로 스며들었다

불쑥 사진 한 장 보내놓고
잘 지내느냐 묻는 안부 한 마디에
예, 짧은 대답 찍어놓고
어쩌자고 그동안 애써
쌓아가던 더께가
두서없이 무너지는 것일까

이따금씩 이지러지는 물보라
닿을 수 없는 그리움이
뱃머리를 맞대고 있는
모질게 이어진 내생의 거리距離

지렁이

흙내나 맡을 일이지
뭘 보겠다고
꿈틀꿈틀 기어 나와
여름 햇살에
자지러지고 있을까

발밑에 밟히고 짓눌려
반 동강으로라도
살겠다
발버둥인
옹골진 목숨

헛발질

하루의 종차終車에 편승 못한 사람들이
힘겹게 어둠을 뚫고 있는 시간
재고 몇 개 남은 동네 빵집에서
내일 아침 허허로운 빈속을 채울
모닝빵 한 봉지 샀다

건너야 할 신호등은 아직
빨간불로 깜박거리고
종일 자존심 세우듯
또박또박 견뎌준
하이힐 구두굽이
움푹 파인 인도人道 블록에 걸려
내 몸은 차도에 널브러졌다

헛발질에 넘어져
구멍 난 스타킹 틈으로
무릎 꿇은 상처들이 고여든다

시시때때 온전히 걸으려다
허방 디딘 일 얼마나 많았던가
오늘 폼나게 쏘아올린 불발탄
여전히 바닥은 아픈 세상이다

길마저 사라진 오늘

어둠이 깊어지도록
두 몸이 옹크리고 숨어
찾으려던 그림은 무엇이었을까

새 한 마리 나는 것도
하늘에 걸린 나뭇가지 한 가닥
보이지 않도록
바라본 하늘은 잿빛이었다

케고르가 레기넷*에게 보낸
운명의 사랑일까
범람하는 사랑 가운데
길마저 사라진 오늘

어떤 그리움이 닿아
아무도 모르게

당신과 나만 바라볼 수 있는
핏줄 같은 길을 내었을까

*키에르케고르의 삶을 요동치게 했던 연인 레기네 올센.

알람시계

아침 6시 20분
알람 벨이 온몸을 흔든다
묵진한 몸뚱이 일으켜 세우며
세상과 타협하라
문밖으로 떠민다

이제 살아내는 것에 익숙해질 때도 되었다
다독여도
어김없이 찾아드는 겁쟁이
나선형 걸음걸이가
약발 떨어진 초침처럼
멈칫거린다

시간을 깁듯
내 안에 은밀하게 감침질된 너를
깊숙이 찔러 넣고
생의 중심에 불려갈 차례다

나비 날개를 접다

벼랑이다
언제 추락할지 모르는 절벽에
더듬이로 지문을 새긴다

뉴턴은 자꾸
당신을 놓지 못해
허우적이는 발을 수직으로 당긴다

집착의 반을 자르면
사랑이 될까
사과의 반을 자르면
가벼워질까

처절하게 벌인 사투死鬪보다
좁혀지지 않는 간격
당신이 밀어낸
끝은
얼마나 두려운가

제**2**부

홀딱벗고새

담배 한 입 길게 빨아낸 당신 입술에
파르르 연기가 핍니다
우리 따로 묶인 성에서
빠져나온 길들이
꼬리를 감춘 시간

'조용히 해봐'
오월의 울창한 그물 속
당신과 나뿐인데
새 한 마리 높낮이로 가르마를 탑니다

홀.딱.벗.고.
홀.딱.벗.고.
음계마다 슬픔 한 덩이씩
찍어놓고
거풍擧風 마친 검은등뻐꾸기
홀홀 벗고 날아갑니다

빈 운동장

아이들이 빠져나간 학교 운동장에
어둠이 모여들었다

조잘대던 소리
히말라야시다 가지 사이로
사르르 흩어지고

바위에 깊이 새겨진
정직 근면 성실 교훈탑 아래
구겨진 어둠 한 자락씩 펼치며
나란히 앉은 우리는
한 뼘의 거리에서 주저했다

처음엔
네 혀끝에 물려 독처럼 솟구치던
망가진 심장소리 때문에
겁이 났고

지금은
시간을 거슬러
네가 없는 빈 운동장을 돌고 돌아
애써 숨고르기를 해도
불치병으로 남아 있는
내 심장 때문에
겁이 난다

고래의 눈물

나는 겁쟁이었다
밤마다 자장가 대신
소란스런 파도소리가 귀청에 엉겨 붙었다

소리 내어 한 번 울지 못하고
문밖을 나서면
검푸른 파도와 맞붙고 싶지 않아도
무섭게 들이닥친 해풍에
몸을 맡겨야 했다

부유하듯 수면 위를 기웃대면
궁금한 세상을 향해
따갑게 내리쬐는
빛의 부리

물살을 거슬러
몸을 불린 나는
어느 물길쯤에서

안식을 찾을 수 있을까

누군가
좁쌀만한 사리 하나 남기지 못하고
마지막 몸을 뉘였을 장생포에서
아버지 냄새가 났다

일요일 골목이 절뚝거렸다

일요일 아침 8시
절뚝거리는 청소부 아저씨가
쓰레받이통에
한산한 중동*을 쓸어 담고 있다

24시간 돌아가던 기계 소리
금박은박명함스티커 찍는 기계소리
컴퓨터 돌아가는 소리까지 잠재우고
모두 봄꽃 속으로 빠져나간
텅 빈 골목을 쓸고 있다

물끄러미 창밖 바라보는 일로
통증이 일었다
한때 그가
그럴싸한 아들이 아니었어도
돈 많은 아버지가 아니었어도
독백처럼 남겨진 지금

바람이 불었다
사는 일이, 그렇게 잠시
버려진 쓰레기 주워 담고
골목 끝으로 사라지는 길이라면
얼마나 가벼울까

*중동 : 대전역 근처 인쇄 골목이 있는 동네.

막장으로 갑니다
― 문경석탄박물관

어머니,
저는 막장으로 갑니다

가족 위해 근면하고
나라 위해 증산하라는 구호 아니라도
김치 쪼가리 밥 한 그릇
돼지고기 한 근이라도
식솔들을 위해서라면
어둠의 끝인들 마다하겠는지요

어제는 갑방*으로 들어갔던
옥이 아버지가 싸늘히 식어 돌아왔습니다
막걸리 한 사발 벌컥벌컥 들이켜도
찌글거리는 목울대는 가라앉지 않고
당신이 주신 귀한 목숨 하나
오늘은 을방*으로 들어갑니다.

부지런하라 하셨지요

질척대는 작업복, 떨리는 손으로
도시락을 비운
천길 나락으로 떨어진 갱도의 노동은
어머니의 시린 세월에
십구공탄, 따뜻한 불씨가 되겠지요

어머니,
저는 다시 막장으로 갑니다

  *광부들이 하루 3번 갑방, 을방, 병방으로 번갈아 드나들면서
   작업을 함.

나무야 나무야

나이테를 따라가다
검은 숲에 갇혔습니다

상수리나무 머리채처럼
나도 따라 흔들리고
막막한 어둠뿐인데
당신이 보였습니다

그늘이 되어 달라
부탁한 적 없지만
어느새 지친 어깨를 다독이며
초록바람이 되는 사람

당신을 품으려다
성근 살갗, 날카로운 잎 부리에
움찔 뒷걸음치지만

내 옆에 있어 달라
떼쓸 수 없어도
묵을수록 뭉근한 향기가 되는
당신을 가졌습니다

수화 手話

남쪽 바다에서 보내온
당신의 봄이
겨울 냉기에 가득 물린
고립된 사무실 입질에
한입 가득 향기로 진동합니다

초고속 인터네트로 달려도
깜박거리는 커서 끝에 갇힌
16인치 모니터 속

당신 아니면
가능이나 한 일이겠습니까
수면 위를 잴 수 없어
마른침 삼켜가며
굳어가던 지느러미

당신 손짓 하나에

뚝뚝 떨어지는
싱그런 봄의 수화

빈차

지상에서 별이 될 수 없어
어둠을 떠내다
등으로 들러붙은 붉은 혹들이
차도에 박혔다

하루에 덧댄 시간이
네온사인으로 반짝이다
몸의 기억들을 구겨 넣고
현기증으로 일어서는 25시

무료배식을 기다리는
독거노인의 빈 위장처럼
시동을 켠 빈차가 쿨렁거린다

자, 타시지요
내일來日을 비집고 앉는다

1930년

순수 서정이 목을 축이고 있다

진부하고 참담한 현실의 수면으로
아슬아슬 존재의 고개를 내밀다가

현대시 약사 활자 속으로
숨어든 지용 광균 기림이
그림 같은 시어를 찍는다

슬림핏 바지정장을 입은 백석이
나타샤에게 걸어오고 있다

푹푹 눈이 나리는
깊은 산골로 가서 살자던
그대가 나에게로 오고 있다

불두화

사찰 앞 작은 뜰에
그가 내 손을 잡아 세웠다

번뇌를 품고 절벽을 품고
새가 되어 보겠다고
오월의 햇살 가랑이 사이로
몽실몽실 피어오른 꽃

바라만 보기도 어여뻐
은유의 덮개를 젖히고
마침내 내 전부가 되어준 사람

사는 게 기막혀
눈치 없이 눈물이 쏟아질 때면
질끈 입술을 깨물어도

그에게 가는 길이
너무 간절하여

열매도 맺지 못하고
무성화無性花로 피었을까

겨울에게

겨울 햇살이
창문 가린 블라인드 사이로
눈썹을 치켜뜬다

이천 원짜리 김밥 한 줄 풀어
12월 31일
마지막 달
마지막 점심 한입 우겨 넣는다

몇 번의 폭설이 존재의 뿌리를 덮어야
생의 슬픔쯤 아무렇지 않게
만질 수 있을까

계단을 오르며
"부담 갖지 않아도 돼"
"지나가는 바람쯤으로 생각하면 좋겠다"
층층이 지워내던 말들이

소갈머리 없이
목젖으로 달라붙는다

안부를 묻다

하루 밤낮 이틀이 지났습니다

사흘도 못 되는 시간
멀리 떠난 듯
그대 안부가 그리운 것은
캄캄한 고리와 고리를 걸고
비상구 하나 내지 못해
안절부절못하는 나는 무엇인가요

식후 30분 약봉지
쭈욱 가르며 굴러나온 알약들
손금 안에 모아놓고
괜한 걱정으로 시간을 축내지 않는지요

잘 견뎌 줄 거란 믿음에게
보내는 그렁그렁한 걱정이
저 밖 손대면 안 되는 금지구역에

닿을 수 없는 푯대를 꽂고
부식된 표지판에 녹물 꽃을 피웁니다

봄비에 젖다

방문을 나간 것은 당신인데
궤도를 잃은 혹성처럼
덩그러니 남겨졌다

투명 그릇의 캐슈너트* 한 알
질근거리는 소리마저 삼킨
고요는 깨지지 않고
갈고리처럼 목젖에 걸렸다

마법에 걸린 당신과 나도
언젠가 문 안과 밖
혼돈의 벽 이쪽저쪽에서
아라비아 숫자 박힌 달력
흔한 어느 날처럼
이별도 쉬울 수 있겠구나

봄비가 후두둑
어두운 창에 온몸을 던진다

봄 안으로 들어오고 싶은 거다

당신에게
온전히 젖고 싶은 거다

*캐슈너트 : 견과류의 일종으로 캐슈나무의 종실이다.

제**3**부

시든 꽃

실하게 한 번
피었던 적 없는
나를
이쁘다
살갗에 닿는 손끝까지
조심스럽게 만져주던 바람

못 다한 고백
아직 남았는지

닫힌 문밖에서
여전히
시들시들
가난한
젖가슴을 만진다

샬롬*

지하도를 걷는다
유행 지난 옷들과
느린 시간이
벤치마다 자리를 잡았다

다문다문 모여 앉은 어르신 틈으로
지나던 처자 대뜸
"마지막 때가 가까웠습니다, 예수 믿으세요"
할아버지 미래를 재단하고 있었다

내 스무 살에 만난 이도
때가 가깝다 했지
십 년이 세 바퀴를 넘어가도록
망설이는 믿음 앞에
그때는
실직과 부조리 그 모든
부정의 사탄을 거두어 갈 수 있을까

처자야,
할아버지를 채근 마라
먹구름 하늘에 둘러친 광명보다
사람이 그리웠던 사람
천당 문 앞에서 문전박대 당할까

*히브리어로 평화, 평강, 평안을 의미하는 말로, 일반적인 히브리어 인사 중 하나로, '안녕하세요', '잘 가세요'에 해당한다.

갈계숲

팔월 들끓던 햇살
실없이 꼬리 감추던 날
소슬바람이 어깨를 만진다

하늘 가르던 비행기
소나기 한 줄금 쏟아낸 길
정오正午의 화살은 정수리에 꽂혀
스캔된 내 몸은
발끝에 점 하나를 찍는다

흔적이 짐이 될 무렵
그가 내 손 지그시 잡아 준 것뿐인데
울음주머니 탱탱 불어
주저앉아 엉엉 울어버린
작년, 이맘때

다홍빛 지천이던 꽃무릇
갈계숲*에 가고 싶다

*경남 거창군 북상면 갈계리 소재. 9~10월에 꽃무릇이 단지를
이루어 피어 있다.

암막커튼

한낮 어둠은 평온을 내렸다

하루만 오늘 하루만 제쳐보려
한뜸의 빛, 틈새 없이
커튼을 쳤다

사소한 바람에 뒤채이며
안달하는 몸 밖의 경계
이불을 끌어올려 얼굴을 덮었다

허겁지겁
높낮이 거칠던
숨소리를 고르기 시작했다

빛을 빠져나온
마음의 허기 걸어놓고
도드라진 늑골 하나 세워
창살을 만든다

어긋장

그날, 그대 입술에 도드라진 낱말들이
우리 사이 그물에 발길질을 해대던 날

이틀 밤 꼬박
머릿속 벌레들이 기어다녔다

어.떻.게.해.야.하.나
외돌아진 마음 퉁퉁 불리며
침대에 몸을 눕혔다
시트에 바늘이 박혔을까
어둔 방에 굴절된 홀로그램

나의 주인은
한 번 씨익 웃어준 것뿐인데
불면의 밤은
어디로 짐을 옮겼을까

2019년 목동

상쇠 추임새에
어깨 들썩일 일 있을까
스물세 살 핸드백 속에
꽹과리를 넣고 다녔다

다리 뻗어 벽 닿을 듯
칸칸이 좁다란 방
연탄고래 숭숭한 틈새로
청춘이 울렁거렸다

금간 슬라브집 제멋대로 기울어져
사방으로 철심 박고
침몰하는 폭음소리
민생복지 현수막 너풀대며
아파트는 쭉쭉 올라서겠지

묵은 가로등 저 혼자 갸웃하는
뒤집고 뒤집힌 세상 어디쯤

창문 내어
소리보따리 풀까

문창동 할머니

그녀가 오고 있다
신라면유한락스새우깡초코파이박카스
수레에 꾹꾹 눌러 쌓고
자동차와 간격을 좁히며
절름발로 오고 있다

한때 개나리꽃처럼 환했을 여자
쪼그라든 입술 오물거리며
'문창동' 노란 조끼 입고
손잡이에 접힌 허리
번갈아 기우뚱대며
백밀러에 얼굴이 박힌다

막힌 소풍 행렬
하나씩 빠져나갈 때마다
내려서는 소음 한 자락
점점이 작아진

녹슨 봄이
그녀의 굽은 등을 넘는다

대추 한 바구니 삼천 원

중앙시장 먹자골목 끝에
펼쳐 놓은
붉은 반점 박힌
대추 한 무더기

'대추 한 바구니 삼천 원'
아직 설익은 대추 빛깔처럼
소리를 삼킨 그녀가
팻말 뒤에 숨어 있다

오갈병에 걸릴까
역병에 시달릴까
보듬던 칠팔월 긴 여름

보름 사이 링링, 타파*에게 얻어맞은
그녀의 열매가

헐거워진 눈빛으로 떨어진다

*2019년 9월 불어온 태풍 이름.

맥문동은 피고 지고

K시인 마당에 맥문동이 피었다
엉덩이 옮겨가며 영역을 늘인
보라색 혈맥들

현관 바닥 그득 널려진 사진
지난 시간들이
방충망 구멍마다
퍼즐을 끼운다

두 귀 쫑긋 열어도
난청難聽인 시인
하얀 휴지 돌돌 말아
한쪽 귓구멍을 막았다

'시끄러워~ 귀가 아파 죽겠어'

시인의 세상은 시끄러웠고
오래된 시인의 정원은

세월에 쏟아진 갈피들로
떼 지어 흔들렸다

다, 괜찮다

포장마차 전구에
말들이 그네를 탄다

무언가 잡으려는 오른손
놓으려는 왼손

기억하려고 감은 눈
잊으려고 다문 입

돌이킬 수 없는 평화의 시대라
신이 난 사람들

여적
게거품인 줄 알았는데
개거품인지도 모른다

말들은 노가리의 배를 빌어
산란을 시작했다

시시한 시詩

밤새 오지랖 떨던

수많은 방언들

어디에 집을 지었나

죄다 허물려

백치로 돌아온 아침

전방에 과속방지턱이 있습니다

천변을 달리는 계기판 시계는
오늘과 내일의 모서리에서 깜빡인다

검은 그림자가
역주행으로 걷는다
그도 나처럼 혼자 치러낼 어둠이 두려워
밤을 허물고

가로등 불빛에
혼자만 환했던 이름이
벚꽃이었는지 살구꽃이었는지
어느 계절을 건너온
봄꽃이었는지

너에게 걸려든 사랑은
속도를 가늠할 수 없는 질주
과속방지,
턱

말, 씨

말은 혀를 말아
씨방을 만들었다

혀끝에서 소리가 된 그놈,
홀씨를 물고
나댈 곳 찾는 살쾡이 눈을 뜨고
발정이 났다

나는 어디
너는 누구

천지사방
팔랑팔랑 날리고 있다

제**4**부

벌개미취

어떤 색으로 물들어야
기억해 줄까요

지난겨울
서릿바람에 온몸이 묶였습니다
바싹 말라가는 자궁벽으로
물고랑 내며

당신이 좋아하던
자목련 빛깔 조금 덜고
이팝 꽃물 한소끔 들여
가을로 데려옵니다

까마득 잊지는 않으셨지요

팽팽하게

샤워 꼭지가
마지막 남은 물방울을 털어낸다

팽팽한 시위를 놓은 가슴은
쪼그라든 살점 남기고
움푹 두 줄로 패인 어깨

브래지어 처음 받던 날
백열등 반쯤 건너온 윗방에서
봉긋한 가슴에 대었다가 떼었다가
가뭇없는 바람에도
설레임이 숨어들곤 했지

푸른 바람이 몇 줄금 다녀간 저녁
욕실 거울에 서 있는
저 낯선 여자

정오正午에게

12시 초침 분침 나란히 포개 안고
서로의 등 토닥이며
제 그림자를 지웁니다

애면글면 달려온 시간
그대에게 가는 길이
두렵지 않습니다

비둘기, 그녀를 찾습니다

먹이 찾아 엄마는
도시 공원을 누볐습니다

엄마의 부리에 걸린 벌레
길거리에 떨어진 새우깡
목 안에 따뜻이 녹여
내 입속에 속속 넣어줍니다

엄마는 이따금
미루나무 꼭대기 창공을 날던
옛 시절을 이야기했지만
비대해진 몸뚱이
날지 못하는 날개 포갠 채
나는 오늘도 역전 광장에 섰습니다

구굿-구, 구굿-구
발자국을 찾습니다

내 발가락은 네 개
내 발 꼭 닮은 엄마가 보이지 않습니다

윤회 輪廻

감기 매단 재채기 소리
사십에 성성한 흰머리
오십에 무너진 잇몸 가까스로 싸맨 틀니
늙은 엄마가 싫었다

추위도 잊은 듯
신열 앓는 아이 들춰 업고
시오리 밤길 마다않고 내달린 억척
오밀조밀 육남매 키워낸 엄마

요양병원에 눕자 의사는 틀니부터 제거했다
삼칠일을 견뎌준 엄마는
무너진 입술 바둣이 떨며
귀엣말로 무슨 말을 하고 싶었을까

어쭙잖은 삶들이 아팠다
당신처럼은 살지 않을래
온갖 길들임에 도망치고 싶은 날

그림자 길게 목을 늘인 골목 끝에
"아가, 밥은 먹고 다니냐"
그녀의 목소리가 사무치게 끼어든다

동백 젖 몽우리

서쪽 바다 시린 해풍에
겹겹 붉은 해 감추고
동백은 젖몸살을 앓고 있었다

햇살 한 줌 등에 얹고
매표소 주변을 서성거리는
살진 암고양이

일월은 희망일까
지천명에도 사랑이 꿈틀댈까
마음을 궁글리고 궁글려도
억세게 돋아나는 얼굴

고샅을 누비던
열두 살 계집애가 뛰어나와
얼음 꽝꽝 언 방죽에
쪼르르 숨구멍을 내어준다

절구통

엄마가 남겨둔
절구통에 물이 가득 찼습니다

달빛 다녀가고
하늘이 내려와
새 몇 마리 날아가는 동안
엄마의 얼굴이 말갛게 찰랑거립니다

사라지지 않게
가만히 만져봅니다

삼시세끼

서울행 KTX 출발 10분 전
한 끼 식사를 위해
노아레즌 빵을 샀다

이스트가 회오리로 부풀린
한 귀퉁이 떼어 먹으니
뱃속이 헬륨 풍선처럼
위선의 목소리로 떠든다

50년 넘게 먹어댔던
그 많은 식량이 침식한다
말이 늙어간다

햇살바라기

 한 해가 다르게 자라는 육 남매 옷가지에 엄마의 겨울 밤은 짧았다 막내오빠 털바지가 하루 저녁에 호로로 풀려 가마솥 김에 오르고 나면 라면가닥 같던 털실이 뭉치로 감겼다 오밀조밀 깔려 있던 이부자리 윗목에서 조금도 놀릴 줄 모르던 엄마의 손놀림이 몇 밤이 지나간 아침, 고동색 감색 알지도 못하는 색이 섞인 털실 고무줄 바지를 짜내어 내 머리맡에 두신 엄마, 모양 빠진 털실바지 입고 허리 고무줄 치켜 올려 시린 손 쑤셔 넣고 담벼락에 기대 숭숭 뚫린 바지 구멍 틈으로 찬바람 들이던 내 유년이 서 있다

 빨랫방망이 가로눕힌 다라에
 부신 햇살 얹어 이고
 엄마가 걸어오신다

운수 좋은 날

갑작스러운 사건으로 충격을 받을 수 있으나 현명하게 대처하면 감당할 수 있어요 일에서 당신을 방해하는 사람이 생기겠어요 빨리 해결책을 찾아서 일을 수습하는 것이 중요해요 노력해 온 일에서 문제가 하나둘씩 생겨나니 인내심이 한계에 도달하겠군요

   밑도 끝도 없이
   내 하루를 점령한 오늘의 운세

   황하의 서쪽 고대문명으로부터 도착한 십이지+二支
   만물의 길흉을 점치듯
   권력의 끄나풀처럼
   불안한 미래에 올가미를 씌운다

미투*me-too

두발頭髮 규제가 해제된 스무 살
뽀글뽀글 부풀린 파마
M시인 헤어스타일을 흉내 냈다

중앙로 인켈오디오 대리점 지하
시집에서 빠져나온 그녀를 처음 본 날
무대에서 시를 읽던 그녀 때문에
엄마 밥이 그리웠던 열일곱은
찬밥*에 목이 메었다

가끔씩 우르르 몰려든
억센 기억들에게
까발린 흔적들 콕콕 찍다가
하얀 밤이 더 아팠다

*me-too : 나도 그래
*문정희 시인의 시 제목

구석으로부터

어젯밤 남자를 호객하던 이모는
벌건 대낮
평상에 다리 반쯤 말아 붙이고
새치 꽃 핀 정수리
눅눅한 바람을 말리고 있다

주비이모전주여인숙한일이모부산여인숙영주이모장미여
인숙영천여인숙
  구석구석 바람이 간다
  옆눈질로 간다

좁게 열린 창틈으로
늙은 담배연기 가까스로 몸을 빼고
욕실완비 담벼락에 붙어 진저리치는
페인트 부스러기

어둠도 꽃이 될 수 있을까
속없이 피고 지는 꽃

골목을 빠져나온 하늘은
여전히 파랬다

오십, 세레나데

출입문 밀고
계단 다섯 개를 밟고 올라오세요

작은 걸음으로 네 발짝
또 계단 여덟 칸을 밟고
큰 걸음으로 두 발짝 떼면
번호키와 이중 잠금장치 철문이 있어요

통철문이 열리고
복도를 빠른 걸음으로
열 발짝 떼어
또 한 번 번호키에 맞닥뜨려요

이중 삼중 굳게
문 걸어 잠근 날
당신에게만 들키고픈
비밀번호 다섯 자리

발문

꽃이어도 슬픈

정바름(시인)

1

 산장산에서 빈계산까지 길게 늘어선 마루금을 따라 걷는다. 유성대로에서 산으로 밀어올리는 바람이 심상찮다. 그런데 성북동 쪽은 놀라울 정도로 잔잔하다. 오른쪽 귀에선 씽씽 달리는 자동차 소음, 왼쪽 귀에선 봉덕사 여승의 독경 소리가 구슬프다. 그야말로 성(聖)과 속(俗)의 경계이다. 무엇이 성이고 무엇이 속인가? 성과 속은 이처럼 늘 함께해 왔다.

 오늘도 그 길에서 가난한 무덤 하나 만난다. 투박한 바가지를 엎어 놓은 듯 길가에 수줍게 비켜선 작고 초라한 여인의 무덤, 볼품없는 비석에 이름 석 자만 덜렁 새긴, 생몰의 내력을 전혀 알 수 없는 그 무덤을 지날 때마다 '그녀는 얼마나 살다 갔을까', '그녀는 어떤 사랑을 나누었을까' 부질없는 상상을 한다. 그러다 문득 제대로 피우지도 못하고 이승을 접었을 것 같은 그 여인의 삶이 울컥, 가련해진다. 삶과 죽음이 뒤섞이고, 성과 속이 뒤엉킨 경계를 생명

이 다하는 날까지 걸어가야 하는 모든 존재들에게 연민을 느낀다.

산길엔 구절초, 뽀리뱅이, 감국 그리고 이름을 알 수 없는 그저 그런 꽃들이 여기저기 피어 있다. 심지어 진달래까지 어쩌자고 이 계절에 봉오리를 맺었다. 몇 해 전에는 한겨울에 핀 진달래를 본 적도 있으니 이것 참 큰일이다. 이미 지고 없는 꽃, 이제 막 피어난 듯 생기 있는 꽃, 시든 꽃, 거기다 철 모르는 꽃까지 각자 빛깔과 향기를 풍기고 있다. 참 곱다. 그 중에 압권은 구절초 꽃이다. 그리 화려하진 않지만 그 은근한 모습이 제격이다. 계절에 딱 맞는 분위기의 구절초 꽃을 지날 때마다 자꾸 고개를 돌려 다시 바라보곤 한다. 그러다가 불현듯 그녀의 시를 떠올린다.

> 당신 이름을
> 가만 불러 봅니다
>
> 갈잎이 풀어내는
> 춤사위를 보며
> 바람 앞에
> 간신히 서 있는
>
> 세월의 틈에서
> 내 안에 들어
> 설렘이 된 그대
>
> ─ 「구절초」 전문(2시집 『아직도 부르고 싶은 이름』, 2002)

길을 걷다가 종종 그녀를 만나곤 한다. 뒷모습만 보아도 얼추 그녀일 거라 짐작 가는 구석이 있다. 좀더 다가서면 머슴애같이 씩씩한 발걸음, 범상치 않게 당찬 뒷모습에 나는 담박에 그녀일 거라 확신한다. 나지막한 소리로 '영옥 씨~' 하고 부르면, 귀는 또 어찌나 밝은지 금방 알아듣고 걸음을 돌린다. 그런데 걸음을 돌리는 폼새도 일품이다. 보통 고개나 몸을 돌리며 다리도 따라 서서히 움직일 텐데, 그녀는 마치 제식훈련에서 '뒤로 돌아 갓!' 구령에 맞춘 듯 땅을 힘차게 박차며 빠른 동작으로 몸을 획 돌린다. 목소리는 또 얼마나 때때거리는지 다소곳한 구석이 별로 없다.

그런데 이상한 것은 그런 그녀의 모습이 참 정겹다. 소심하고 조심스러운 나도 거리감을 단번에 좁히게 한다. 사내 같은 편안함, 당찬 매무새. 그뿐인가? 출판업에다 문단(文壇) 곳곳에서 허다한 역할을 두루 맡아 매진하는 맹렬함, 지치지 않는 열정과 탁월한 능력, 내가 평소에 생각하는 이영옥 시인의 모습이다. 그러나 그런 그녀도 늘 경계에서 서성인다. 사랑하는 것 같지만 사랑을 찾아 헤매고, 사랑을 찾는 것 같지만 이미 누군가를 사랑하고 있다. 그녀의 시들을 편편 살필수록 이런 느낌은 점점 뚜렷해진다.

2
이영옥 시인의 이번 시집은 1998년에 첫 시집을 펴낸 이래 벌써 일곱 번째다. 20여 년 만에 7권의 시집을 발간하다니, 혀를 내두를 만한 열정이다. 이참에 6권의 시집을 내리 읽으면서 그녀의 열정이 어디서 비롯되었는지 충분히 짐작할 수 있었다.

채워도
채워도
모자라는 사랑
스스로 깨닫는 날

헐벗은 욕망에서
몸을 일으켜
뜨거운 가슴으로
날마다 날고 싶다

― 「날마다 날고 싶다」 일부(첫시집 『날마다 날고 싶다』 1998)

그렇다. 시인에겐 "채워도 / 채워도 / 모자라는 사랑"이 있고, "뜨거운 가슴으로 / 날마다 날고 싶"은 '욕망'이 있는 것이다. 그러니 끊임없이 채우고, 날마다 날기 위해 매진하는 것이다. 그렇다면 그녀가 채우려는 욕망은 대체 무엇인가, 아니 우리 모두에게 내재된 그 욕망은 무엇인가? 욕망은 '무엇을 가지거나 누리고자 간절하게 바라는 것'인데, 특히 홉스(Tomams Hobbes)는 이에 대하여 "모든 인간의 자발적인 행동은 자기 쾌락 또는 자기 보존의 목적을 지향하고 있다."고 했다. 자기를 보존하기 위한 목적으로 끊임없이 무언가를 갈망하는 것이 욕망의 속성이다. 이 같은 욕망은 누구에게나 있는 것이지만, 특히 이 시인의 진술처럼 "헐벗은 욕망"이라는 점에 주목해야 한다. 헐벗었다는 것은 맨바닥이 다 드러났다는 뜻이니, 그 욕망을 채우기 위해(또는 감추기 위해) 시인은 변변한 옷을 입고 싶은 것이고, 입고 난 뒤에는 다시 헐벗었다는 느낌에 사로잡히는 것이다.

욕망은 여러 가지 모습으로 드러난다. 그러나 가장 원초적인 욕망은 두 말할 것 없이 '사랑'이라 할 수 있다. 인류를 지속시키는 원동력, 그러므로 그것을 빼놓고는 그 어떤 학문과 철학, 예술과 종교도 다 부질없는 것이다. 그것은 때로 성스럽고 때로 속되다. 그래서 그녀는 사랑 앞에서 막돼먹은 성자(聖者)의 모습이기도 하고, 지고지순한 불한당의 모습이기도 하다.

이 사랑(또는 욕망)이 시인의 시 속에서는 종종 꽃으로 피어난다. 이영옥 시인의 이번 시집에는 52편의 작품 중 '꽃'이 무려 20여 회나 등장한다. 개나리나 벚꽃처럼 자연의 꽃도 있지만, 어둠꽃, 녹물꽃, 새치꽃, 어둠꽃, 무성화처럼 시인의 내면을 드러내는 꽃들이 주류를 이룬다.

꽃은 종자식물에서 씨를 만들어 번식기능을 수행하는 생식기관이다. 꽃은 자신의 존재를 대물림하기 위해 화려한 빛깔과 향기로 벌과 나비를 유혹한다. 그것은 벌과 나비를 위한 것이 아니라 꽃 자신을 위한, 자기 보존의 목적이다. 그런데 이상하다. 이영옥 시인은 꽃(자신)을 위해 벌과 나비를 유혹하는 것이 아니라, 자신이 벌과 나비를 위한 꽃이 되고 싶어 한다. 물론 이 또한 크게 보아 자기 보존을 위한 것이긴 하지만, "어떤 색으로 물들어야 / 기억해줄까"(「벌개미취」) 애절하게 하소연하기도 하고, "당신에게 / 온전히 젖고 싶"(「봄비에 젖다」)다고 고백하기도 한다. 평소에 능동적이고 당찬 그녀의 모습은 간데 없고, 매우 수동적이거나 복종적인 자세로 자신을 낮추고 있는 것이다.

> 달구어진 당신의 혀를 물고
> 긴 묵언 중에도
> 달뜬
> 난 당신의 여자입니다
>
> ―「계관화」 일부

> 그에게 가는 길이
> 너무 간절하여
> 열매도 맺지 못하고
> 무성화(無性花)로 피었을까
>
> ―「불두화」 일부

그뿐만 아니다. 시인은 그렇게 많은 꽃에 자신을 투영하고도 아직 제대로 피어본 적이 없다고 느낀다. 동시에 이미 시들어버린 볼품없는 꽃이거나 열매도 맺지 못한 꽃이라고 인식하고 있다. 시들기 전에는 분명 활짝 핀 꽃이었을 텐데, 그 기억은 간데없고 제대로 피어보지도 못하고 시든 꽃이라고 자신을 폄훼하고 있는 것이다. 이것이 시인의 '헐벗은 욕망'의 특성이라 보아도 무방할 것이다.

    실하게 한 번
    피었던 적 없는
    나를
    이쁘다
    살갗에 닿는 손끝까지
    조심스럽게 만져주던 바람

    —「시든 꽃」 일부

이러한 그녀의 인식은 "집착의 반을 자르면 / 사랑이 될까"(「나비 날개를 접다」)에서 보듯이 다소 무리한 고민과 집착을 불러온다. 또한 "너에게 걸려든 사랑은 / 속도를 가늠할 수 없는 질주"(「전방에 과속방지턱이 있습니다」)에서처럼 종횡무진하다가 예상치 못한 장애에 가로막히기도 한다. 그녀는 "애면글면 달려온 시간 / 그대에게 가는 길이 / 두렵지 않"(「정오에게」)다고 고백하지만, 역설적으로 이 모든 행위는 결국 두려움에서 비롯된다. 그러기에 그 두려움을 이겨내기 위해 '처절한 사투'를 벌이기까지 하는 것이다.

처절하게 벌인 사투(死鬪)보다
좁혀지지 않는 간격
당신이 밀어낸
끝은
얼마나 두려운가

─「나비 날개를 접다」일부

  사투? 누가 이처럼 맹렬하게 사랑을 하는가? 생존과 번식을 위해 목숨을 걸고 싸우는 '동물의 왕국'에서나 적절한 표현 아닌가? 그러나 생각해 보자. 양태는 다를지언정 사람도 크게 다를 것은 없지 않은가. 이영옥 시인의 시에는 이처럼 동물적 감각이 살아 있다. 어떤 사물을 대했을 때 다소 직설적인 표현을 통해 생생한 느낌을 전달하는 빼어난 감각을 갖고 있다.

나무들은 사타구니 감춘 채
가임기를 마친 다리를 꼬고 앉아
한 번쯤 허락될지 모를
아랫도리를 만지고 있다

─「봉인」일부

'조용히 해봐'
오월의 울창한 그물 속

당신과 나뿐인데
새 한 마리 높낮이로 가르마를 탑니다

홀딱.벗.고.
홀딱.벗.고.
음계마다 슬픔 한 덩이씩
찍어놓고
거풍 마친 검은등뻐꾸기
홀홀 벗고 날아갑니다

― 「홀딱벗고새」 일부

  가지가 뒤엉킨 나무를 보고 다리를 꼬고 앉은 아랫도리를 상상하고, 숲속에서 스쳐 듣는 새소리에서 홀딱벗은 모습을 상상한다. 그녀에게 내숭이란 도무지 찾아볼 수 없다. 그래서 얼핏 조신함과는 거리가 먼 것처럼 보이지만, 사실 시인은 보편적인 인간의 속성을 좀더 솔직하고 과감하게 드러냈을 뿐이다. 이런 그녀의 과감성은 "저 밖 손대면 안 되는 금지된 구역에 / 닿을 수 없는 푯대를 꽂"(「안부를 묻다」)기도 하고 "어두운 창에 온몸을 던"(「봄비에 젖다」)지기도 한다. 그러나 그 결과는 늘 참담하다. "부식된 표지판에 녹물꽃을 피"우거나 "울음주머니 탱탱 불어 / 주저앉아 엉엉 울어버"(「갈계숲」)리는 결과를 낳게 된다. 사랑(욕망)을 위해 별별 짓을 다해도 돌아오는 것은 언제나 헐벗은 마음뿐이다. 어쩌란 말인가?

그러나 오해 없길 바란다. 시인은 천상 시인일 뿐이다. 이 모든 것은 짐작컨대 그녀의 시 속에서만 이루어진다. 다시 말해서 시로 승화시킨 것이다. 만일 시인이 이런 마음을 시로 승화시키지 않았다면, 그래서 자신의 생각대로 종횡무진 사랑을 찾아 나섰다면 얼마나 난감한 상황에 처했겠는가.

이렇게 거침없는 사랑을 갈망하던 시인도 결국은 고요 속으로 돌아온다. "이중 삼중 굳게 / 문 걸어 잠"(「오십, 세레나데」)그고 어둠 속으로 자신을 숨긴다. 그리고 "나에게 오던 사람들이 되돌아"갔다고 체념한다. 그렇다고 그것으로 끝은 아니다. '문패'를 달아둔 것이다. "어둔 방에 굴절된 홀로그램"(「어깃장」)으로 "불면의 밤"을 맞이하지만 마음의 허기는 가셔지지 않고, 고요를 적신 문패를 보고 누군가 문을 열어 주기를 내심 기다리고 있다.

> 더듬더듬 쪽문을 낸
> 두려움과 안식 사이
> 생의 거리를 좁히며
> 벗겨진 살갗의 숨구멍으로
> 짠 바닷물이 스며들었다
>
> 나에게로 오던 사람들이 되돌아간
> 고요를 적신 문패
>
> ―「어둠을 탐하다」 일부

시간이 지날수록 사투를 벌이거나 "속도를 가늠할 수 없는 질주"를 벌이던 그녀의 욕망도 이제 얼핏 잦아들고 있는 것처럼 보인다. 시인은 이미 오십 줄에 들어섰기 때문이다. 나이가 들어감에 따라 사랑이 시들해진 것 아닌가 생각하겠지만, 이것 역시 오해다. 그럼에도 불구하고 그녀의 세레나데는 그침이 없다. 다만 오십 평생에 걸쳐 만들어진 매우 은밀하고 정제된 사랑의 문을 이중 삼중으로 걸어 잠그고, 비밀번호 다섯 자리(오십)를 마련해 두었다. 여기서 주목할 것은 이 비밀번호가 누군가에게 알려주고 싶은 것이 아니라 오직 '당신'에게만 들키고픈' 것이라는 점이다. 앞서 살펴본 대로 시인의 평소 이미지와는 다르게 매우 소극적인 자세를 취하고 있다. 그것은 좀더 깊어지고 원숙해진 사랑법이라고 보아야 할 것이다. 아니 어쩌면 이것이 본래 시인의 모습일 수도 있을 것이다.

  이중 삼중 굳게
  문 걸어 잠근 날
  당신에게만 들키고픈
  비밀번호 다섯 자리

  ― 「오십, 세레나데」 일부

이영옥 시인의 시를 읽고 있노라면 우리의 감정 또한 그녀의 시들을 따라 자연스럽게 움직이고 있음을 느끼게 된다. 가슴이 뜨거워지기도 하고 뭔지 모를 아픔에 먹먹해지기도 한다. 길고 긴 세월을 거치며 다듬어진 그녀의 사랑법, 거기엔 그녀의 뜨거운 가슴이 담겨 있고 아픔이 절절이 배어 있기 때문이다. 최서림 시인은 그의 시 「불편한 시」에서 "아프지 않게 쓰여진 시는 야만"이라 하였다. 그의 진술에 빗대자면, 이영옥 시인의 시는 겉으로 드러나는 모습이 다소 거칠어 '야만'적이라 느낄 수도 있지만, 어느 누구의 시보다 절절한 아픔이 배어 있으므로 오히려 '시다운 시'라고 평가할 수 있을 것이다. 자신의 속마음을 점잖은 미사여구로 고상하게 장식한 시들에 비해, 이 시인의 시들은 웬만한 가식을 배제하고 진솔한 마음을 소복이 담은 진정성이 돋보인다. 그래서 그녀의 시들은 쉽게 읽혀지고 쉽게 공감할 수 있다는 탁월한 장점을 지니고 있다. 몇 쪽 읽다가 슬며시 덮어두는 많은 시집들과는 달리, 끝까지 시인의 족적을 따라 동행할 수 있는 매력에 흠뻑 젖어들게 될 것이다.

3

다시 산길을 걷는다. 산에서 마주치는 수많은 꽃들이 하나하나 시인의 얼굴이다. 계절에 딱 맞는 꽃, 화사한 꽃, 이름을 알 수 없는 그저 그런 꽃, 이미 시들어 빛깔을 잃은 꽃, 거기에 철없이 피어난 진달래꽃까지, 이 모든 꽃들이 이영옥 시인의 마음을 대변하고 있다.

분명 이영옥 시인은 꽃이다. 스스로 '제대로 피어본 적 없는' 꽃이라거나, '시든 꽃'으로 자신을 비하하지만, 어느 꽃 못지않게 자신의 빛깔과 향기를 간직한 충분히 아름다운 꽃이다. 이영옥 시인에게 아리따운 마음이 시들지 않고 오래 피어 있기를 소망하는 마음으로, 들꽃의 향기를 맞으며 걷는 이 산길에서 깊은 위로와 연민의 정을 신선한 산바람에 실어 전한다.

"꽃이어도 슬픈" 시인이여!

어둠을 탐하다_시움시선 06

지은이_이영옥
펴낸이_정환정
펴낸날_2019년 11월 22일

펴낸곳_도서출판 시시울
등 록_제364-1998-000008호
주 소_대전시 동구 대전로 867번길 52
       한밭오피스텔 407호
평생전화_0505-333-7845
전   송_0505-815-7845
전자우편_sisiwool@daum.net

총판 : 생명의말씀사

값 9,000원

저자와의 협의로 인지는 생략합니다.
잘못된 책은 바꾸어 드립니다.

ⓒ이영옥, 2019
ISBN 979-11-89732-09-7   03810

*이 책은 대전광역시, (재)대전문화재단에서
 사업비 일부를 지원받았습니다.